12 Mars 1906.

marqué P

VENTE
Des 12 et 13 Mars 1906
HOTEL DROUOT — SALLE N° 1

EXPOSITION PUBLIQUE
Le 11 Mars 1906

TABLEAUX

ANCIENS ET MODERNES

OBJETS D'ART - MARBRES

MEUBLES

OBJETS DE VITRINE

TAPIS PERSANS DU XVIe SIÈCLE, TAPISSERIES

TENTURES

Me F. LAIR-DUBREUIL, Commissaire-Priseur
M. Arthur BLOCHE, Expert près la Cour d'Appel

IMPRIMERIE ARTISTIQUE
C. CHAFFOUR
RUE MILTON
PARIS

CATALOGUE

DE

TABLEAUX

PAR ET ATTRIBUÉS A

L'Albane, Boucher, Bronzino, Dubufe, Claude Lorrain
Hanriot, Lebrun, Le Chevalier Lély
Lenain, Murillo, Van Oost
Sauvage, Van Thulden, Tintoret, Tocqué, etc.

OBJETS D'ART — MARBRES

Fontaine, Grandes statues, Bustes historiques

BRONZES, FERS, ÉTAINS, PORCELAINES, FAÏENCES
TERRES CUITES, BOIS SCULPTÉS

MEUBLES

Anciens et de Styles

Salons en tapisserie d'Aubusson et en soierie
Commodes, Tables
Bahuts, Vitrines, Consoles, Sièges, etc.

OBJETS DE VITRINE

Tapisseries — Tapis Persans du XVIe Siècle

TENTURES

DONT LA VENTE AURA LIEU

HOTEL DROUOT — SALLE N° 1

Les Lundi 12 et Mardi 13 Mars 1906

A 2 HEURES 1/2

Me F. LAIR-DUBREUIL
COMMISSAIRE-PRISEUR
6, Rue de Hanovre, 6

M. Arthur BLOCHE
EXPERT PRÈS LA COUR D'APPEL
51, Rue Saint-Georges, 51

EXPOSITION PUBLIQUE

Le Dimanche 11 Mars 1906, de 2 heures à 5 h. 1/2

CONDITIONS DE LA VENTE

La vente sera faite au comptant.

Les acquéreurs payeront *dix pour cent* en sus des enchères.

L'exposition permettant au public de se rendre compte de l'état et de la nature des objets, il ne sera admis aucune réclamation une fois l'adjudication prononcée.

DÉSIGNATION

TABLEAUX

PASTELS, DESSINS, GRAVURES

L'ALBANE

1 — Les divertissements des Amours.

Œuvre remarquable. Cadre en bois sculpté et doré.

BOUCHER (Attribué à)

2 — Diane enfant au milieu des amours ayant près d'elle ses chiens, assise à l'abri d'une grotte, fond de paysage très clair arrosés par des cascades.

Grand et beau dessus de porte.

BOUCHER (Ecole de)

3 Nymphes surprises.

Pastel.

BRONZINO (Attribué au)

4 — Portrait d'une patricienne debout en robe de brocart noir brodé avec collerette en dentelle; manches de satin blanc, la main appuyée sur un livre.

Cadre en bois sculpté.

CATHALINAUX

5 — Vaches et taureaux au pâturage, sur la lisière d'un bois.

DAMOYS

6 — Bords de rivière, temps brumeux.

DAX

6 *bis*. — Mère et son enfant.

Dessin.

DUBUFE (Edouard)

7 — La favorite représentée étendue et nue ensommeillée ayant auprès d'elle une mandoline, un tambour de basque et une grenade.

CLAUDE GÉLÉE, dit Le Lorrain (Attribué à)

8 — Port de l'Adriatique.

HANRIOT (J. A.)

9 — Le boudoir de la Sirène. Grotte de Morgat.

LA COSTE (Eugène)

10 — Les duellistes.

Dessin rehaussé d'aquarelle.

LEBRUN (CHARLES)

11 — La Nuit et le Jour.

Sous les traits de la Jeunesse enlaçant l'Innocence portée par des amours tenant d'une main sa torche et de l'autre une lance. Belle composition pour plafond ou panneau décoratif.

Toile : haut. : 2m10 ; larg. : 2m70.

CHEVALIER LELY (Attribué au)

12 — Portrait de femme en robe de velours rouge et vert, parée de joyaux.

LENAIN

13 — La déclaration et les accordailles.

Cadre en bois sculpté.

LOIR (LUIGI)

13 *bis* — Pierrefitte. Effet du soir.

Aquarelle.

MAZEROLLES

14 — Sujet décoratif.

Dessin.

MONTICELLI (Genre de)

15 — Personnages dans un parc.

MURILLO (Ecole de)

15 *bis* — Saint-Antoine admirant l'Enfant Jésus qu'il tient dans ses bras.

NATOIRE (Charles-Joseph)

16 — Nymphes et déesses.

Deux importantes compositions mythologiques et allégoriques, facture large, coloris harmonieux.

VAN OOST

17 — La Sainte Famille.

Composition de six figures. Belle facture.

PILS

18 — Femme kabyle couchée sur un tombeau.

Dessin aquarellé.

ROSE DE TIVOLI

19 — Berger et sa compagne avec un enfant au milieu de son troupeau.

SAUVAGE

20 — Enlèvement d'Amours.

Peinture en grisaille, dessus de porte.

SAVAROL

21 — Chats.

VAN THULDEN

22 — Intérieur d'atelier.

Assis devant son chevalet ayant autour de lui des tableaux, des sculptures, une mappemonde, un jeune peintre causant avec un condisciple regardent un petit préparateur qui broie les couleurs. A gauche le maître devant une table les écoute et les observe.

TINTORET (Attribué au)

23 — Portrait d'une reine en costume de Cour enrichi de perles, coiffure à longues boucles avec diadème et aigrette.

De la main gauche elle retient son manteau jeté sur les épaules.

TOCQUÉ (Attribué à)

24 — Portrait de gentilhomme Louis XV, en habit rouge brodé d'or et tenant ses gants à la main.

ECOLE ANCIENNE

25 — L'Equinoxe de printemps. Sujet allégorique.

Dessin.

ECOLE ANGLAISE

26 — Portrait de femme coiffée d'un grand chapeau.

ECOLE ANGLAISE

27 — Portrait de jeune gentilhomme en habit rouge et manteau jeté sur le bras.

28 — Portrait d'homme à perruque regardant presque de face, représenté assis.

29 — Portrait de femme en costume noir, le chapeau orné de lilas.

ECOLE FLAMANDE

30 — Saint Jean-Baptiste.

Cadre en bois sculpté et doré.

ECOLE FRANÇAISE XVIIIe SIÈCLE

31 — Portrait d'un conventionnel en habit vert et jaune rayé.

32 — Vénus, Mercure et l'Amour.

Dessus de porte forme ovale.

33 — Portrait d'homme en habit bleu.

34 — Divertissements d'enfants.

Quatre petites filles dans un parc s'amusent avec des tourterelles et jouent à la poupée.

Panneau décoratif.

35 — Les enfants forgerons.

Gracieuse composition de quatre figures.

Dessus de porte.

36 — Les Amours géomètres et les Amours astronomes.

Deux dessus de portes se faisant pendant.

ECOLE FRANÇAISE

37 — Portrait de femme décolletée.

Pastel.

ECOLE DU XVIe SIÈCLE

38 — Saint Joseph portant l'enfant Jésus sur son épaule et le regardant avec tendresse, habillé d'un costume vert doublé de rouge à bordure d'or, dans le paysage montagneux se dessinent plusieurs petits personnages.

Cadre en bois sculpté et doré.

ÉCOLE DU XVIIe SIÈCLE

39 — Portrait de grande dame en robe rouge décolletée parée de perles, s'appuyant sur une amphore en marbre et tenant à la main une palme.

Cadre ancien en bois sculpté.

ECOLE DU XVIIIe SIÈCLE

40 — Portrait de jeune femme à corsage décolleté portant la main sur la poitrine.

Cadre en bois sculpté et doré.

41 — Portrait de grande dame en robe bleue à corsage décolleté garni d'une guirlande de fleurs avec collier de perles, tenant un arc et une flèche, cheveux coiffés à la poudre.

ÉCOLE FRANÇAISE

42 — Paysage animé de figures et de cavaliers.

ECOLE ITALIENNE

43 — Musiciens et musiciennes.

Trois tableaux ovales se faisant suite.

ECOLE PRIMITIVE

44 — Portrait d'un Saint assis sur un trône en costume fond d'or tenant d'une main une palme et de l'autre un parchemin.

Peinture sur panneau.

ÉCOLE VÉNITIENNE DU XVIe SIÈCLE

45-46 — Portraits de deux gentilhommes en armures.

Avec inscriptions et dates 1571 et 1493.
Belle facture.

47-49 — Huit pièces dessins encadrés ou sous verres.

Sera divisé.

50 — Deux gravures encadrées : Le Sacrifice à Vénus; l'Offrande à l'amour.

51 — Deux gravures : Les Adieux de Marie-Antoinette ; Charles Ier.

52-54 — Lot de gravures anglaises en feuilles.

55 — Pièce en couleurs d'après Carle Vernet. Les Joueurs de boules.

56 — Pièce en couleur : Diane au bain.

Cadre en bronze doré.

57 — Pièce encadrée : Femme baillant.

SCULPTURES

58 — Très belle fontaine monumentale style XVe siècle en mosaïque de marbre de couleur et marbre blanc formée de colonnes avec chapiteaux posant sur une terrasse ornée de quatre grenouilles et supportant une vasque quadrilobée offrant tout autour en bas-relief des animaux de toutes espèces et des tortues, la partie centrale est ornée de quatre colonnettes torses surmontées d'une petite vasque à gaudrons sur laquelle se trouve un fût quadrangulaire à mufles de lions par lesquels se fait le jeu des eaux elle est accompagnée de la bordure du bassin.

59 — Grande et belle statue en marbre : Vanité, représentée sous les traits d'une jeune femme demi-nue s'admirant dans un miroir; posant sur colonne ronde en marbre veiné et blanc.

60 — Grande et belle statue en marbre représentant Armide contemplant un bouclier posant sur fût de colonne en marbre blanc orné de guirlandes de fleurs.

61 — Beau banc de style byzantin à deux places en marbre sculpté, dossier à entrelacs ajourés surmonté de triangles dans lesquels se détachent des

bustes d'apôtres sur fond de mosaïque dorée, accotoirs en forme de groupes d'animaux, piètement à arcades ornées de figures d'anges.

62 — Grand et beau buste en marbre représentant le roi Charles Ier d'Angleterre habillé en armure portant l'Ordre de Saint Georges et demi drapé dans un manteau.

63 — Grand buste en marbre représentant Jeanne Grey en costume d'apparat parée de joyaux demi drapée dans un manteau doublé de fourrure.

64 — Statue en marbre : La Vénus accroupie.

65 — Statue en marbre : La Source pouvant servir de fontaine.

66 — Statuette en terre cuite : La Musique, de Carrier-Belleuse.

67 — Groupe en terre cuite : l'Éducation de Bacchus, composition de six figures, de Carrier-Belleuse.

68 — Buste en marbre représentant Napoléon Ier. Signé Marochetti, daté 1828.

69 — Grand buste en marbre représentant Abdel-Kader, sur gaine, en marbre.

70 — Statuette en marbre blanc : Vénus pudique, signée Canova.

71 — Buste du compositeur Bach en platre teinté.

72 — Neuf panneaux en bois sculpté gothique.

73 — Douze panneaux en bois sculpté.

74 — Quatre statuettes d'enfants en bois sculpté.

75 — Trois petites statuettes en bois sculpté et doré.

OBJETS D'ART

205 76 — Grande pendule en bronze doré forme fût de colonne supportant le mouvement couronné d'un vase ; de chaque côté des amours l'un tenant un trait et l'autre des fleurs, bronze à patine claire et à côté d'eux un coq chantant, posant sur terrassement à arabesques fleuries et rosaces finement ciselés, cadran émaillé, signé Claude Raillard, style Louis XVI.

200 77 — Paire de vases en porcelaine de Paris, fond vert à rehauts d'or aux chiffres et aux aigles Napoléoniens, avec médaillons représentant des épisodes de la vie de Napoléon. Style Premier Empire.

78 — Glace Louis XV, cadre en porcelaine de Saxe, à rocailles, volatiles et figurines d'amours posés sur des guirlandes de fleurs, fronton à corbeilles de fleurs.

255 79 — Pendule d'applique Louis XIV et son socle en marqueterie de cuivre sur fond d'écaille ornée de bronzes ciselés et dorés et couronnée par une figurine d'amour.

80 — Paire de candélabres Louis XVI, en bronze parties dorées, modèle à groupe de nymphes et

d'amours portant des carquois à trois lumières à rinceaux feuillagés et fleuronnés, socles à cannelure, ornés de tores de lauriers.

81 — Deux jardinières en marbre rouge supportées par trois sphinx en bronze ciselés et dorés posant sur socles.

82 — Six assiettes en anciennes porcelaines d'Arras, décor à fleurs et volatiles dans le goût chinois bordures gaufrées.

83 — Deux plats ovales en ancienne porcelaine de Tournai, décor à bouquets, bordure à contours et gaufrée.

84 — Quatre assiettes en porcelaine, décorées de semis de fleurs, rocailles et rehauts d'or.

85 — Assiette en faïence suisse, orné au centre d'armoiries.

86 — Plat en porcelaine de Chine, décor gravé sous couverte, et au bambou en bleu sur blanc.

87 — Plat en porcelaine de Chine, décor de fleurs en bleu sur blanc.

88 — Plat en porcelaine de l'Inde, orné au centre d'armoiries, et réserves de fleurs et papillons sur les bords.

89 — Deux vases en faience de Nove, fond treillagé à jours, ornés de branchages et fleurs en relief.

90 — Deux appliques en bronze à cinq lumières, en forme de vases parties bleuies et dorées. Style Louis XVI, modèle de Fontainebleau.

91 — Ménagère en ancienne faience de Moustiers, décor polychrome.

92 — Bonbonnier formé de quatre coquilles, en porcelaine de Villeroy, décor à fleurs et coquillages en relief.

93 — Deux porte-bouquets en ancienne porcelaine de Chine, enfants sur des poissons.

94 — Statuette en bronze doré: Phrynée de Madrassi.

95 — Grande jardinière en porcelaine de Chine, décor aux poissons, chimères et lambrequins.

96 — Deux bustes en faience de Rouen, décor polychrome, représentant des figures allégoriques de l'Automne et l'Hiver, socles avec chiffres et couronnes.

97 — Paire de candélabres formés de vases en bronze à patine rouge ornés de bas-reliefs à sujets d'enfants, d'après CLODION, avec bouquets de lys à cinq lumières électriques. Style Louis XVI.

98 — Statue en bronze, grandeur nature : Captif, par Jean Bozzi, 1892. E. Cruet, fondeur.

Haut. : 1m80.

99 — Paire de girandoles à cinq lumières en bronze doré de style Louis XV.

100 — Paire de vases ovoïdes en marbre vert de mer, montés en bronze; anses à serpents enroulés.

101 — Garniture de cheminée en bronze et bronze doré, commencement du XIXe siècle. Composée de : Une pendule à figure de guerrier lauré, socle en marbre à frise de bronze et deux candélabres à sept lumières.

102 — Armure en fer, parties anciennes.

103 — Marteau de fonte en bronze.

104 — Petit lustre en bronze et cristaux.

105 — Vase en bronze du Japon.

106 — Brûle-parfums en bronze du Japon.

107 — Grand flambeau en bronze japonais.

108 — Boite en étain « Modern Style » doublée en satin rouge.

109 — Trois réchauds en plaqué.

110 — Trois couvercles de bassinoires en cuivre.

111 — Dix pièces diverses en métal argenté. (Sera divisé).

112 — Environ vingt pièces en étain : Pichets brocs, etc., etc. (Sera divisé).

113 — Théière et pot à lait en porcelaine à bouquets de fleurs.

114 — Pot en porcelaine du Japon, décor en bleu, rouge et or,

115 — Petit bol en porcelaine de Chine, décor à personnages.

116 — Paire de vases à couvercles en poterie marocaine.

117 — Deux médaillons ronds en faience émaillée.

118 — Deux aiguières et un bougeoir en grès.

119 — Deux cruchons en terre décorée en relief.

120 — Vase en porcelaine modern style.

121 — Cache-pot en faïence.

122 — Panneau laque noir décoré d'une plaque en porcelaine de Chine à personnages. Cadre sculpté à jour.

123 — Panneau en marqueterie de bois.

124 — Lustre en cristal.

125 — Jardinière en bronze chinois sur trois pieds à têtes d'éléphants.

126 — Pendule à colonnes en marbre blanc.

127 — Grand lustre en bronze ciselé et doré à trente lumières, modèle à rinceaux feuillagés.

128 — Grand groupe en bronze : l'Ariane à la panthère, œuvre de DIEMECHER, édition GRAUX-MARLY.

129 — Pendule en bronze doré, ornée sur le côté d'une figurine de Diane et d'un amour blessé couronnant le mouvement. Epoque Premier Empire.

130 — Pendule en bronze doré, orné d'une figurine d'ange assise sur le mouvement. Fin du Premier Empire.

131 — Pendule en bronze doré ornée d'une statuette de guerrier romain accoudé sur un bouclier. Epoque de la Restauration.

132 — Pendule en bronze doré, partie argentée ornée d'une figurine d'Orientale à demi-couchée sur une méridienne.

133 — Statuette en bronze : Femme assise tenant un masque.

MEUBLES

134 — Beau meuble de salon en tapisserie d'Aubusson, de style Louis XV, à sujets chinois inspirés de LEPRINCE, encadrement à rocailles et guirlandes de fleurs fond crême sur contrefond rose, bois sculpté et doré à rocailles; il se compose d'un canapé et quatre fauteuils.

135 — Chaise longue de l'époque Louis XV en deux parties, en noyer sculpté à contours et fleurettes, couverte en ancien damas de soie vert, dessin à grands ramages.

136 — Beau meuble à deux corps rehaussé de vestiges de dorure, ouvrant à quatre portes et à trois tiroirs offrant en bas-relief des figures allégoriques : la Paix et l'Abondance; dans le bas des aigles aux ailes éployées sur des cartouches à guirlandes, les montants à colonnes plates surmontées de chapiteaux avec masque fabuleux.

137 — Table-bureau Louis XV en bois de rose et palissandre, forme à contours, ornée de bronzes chutes à cariatides de femmes sur des gaines feuillagées, dessus en cuir.

138 — Meuble Renaissance en noyer sculpté, s'ouvrant dans le haut à deux portes ornées de mas-

carons au milieu de cartouches ornementés, le bas à arcades est supporté par des colonnettes.

139 — Stalle gothique en chêne sculpté offrant au dossier des rosaces au milieu d'un portique à ogives, le haut à chimères, écusson et clochetons.

140 — Prie-Dieu gothique en chêne sculpté, à armoiries et ogives au milieu d'ornements, dessus en panne mauve à rayures.

141 — Petite bergère de l'époque Louis XVI en bois sculpté, dessin à perlés et raies de cœur, foncée de canne.

142 — Table à thé de style Louis XV en bois sculpté laqué vert, aventuriné et rehaussé d'or.

143 — Encoignure en acajou ornée de moulures et de bronzes ciselés et dorés, dessus en marbre blanc. Epoque Louis XVI.

144 — Grand support en bois sculpté et doré, formé par une statuette d'amour au milieu de feuillages et tenant une corne d'abondance.

145 — Deux petites consoles de coins Louis XV en bois sculpté et rechampis de gris, dessin à rocailles et guirlandes de fleurs, dessus en marbre.

146 — Deux glaces avec très beaux cadres en bois sculpté et doré à figures de sirènes soutenant des frontons ajourés. Style Louis XIV.

147 — Paire de gaines en bois sculpté et doré sur fond vert à guirlandes et mascarons.

148 — Grande table en bois sculpté style Renaissance; piètement à colonnes surmontées de chapiteaux ornés de lions dévalant, bandeau à feuillages et ornements.

149 — Belle commode Louis XVI en bois de rose décorée de médaillons en marqueterie de bois à paysages, vases de fleurs et instruments de musique, ouvrant à deux vantaux et garnie intérieurement de trois tiroirs, dessus en marbre brèche d'Alep.

150 — Petite table-bureau Louis XVI en bois de rose et marqueterie de bois, garnie de bronzes.

151 — Table-coiffeuse Louis XVI en acajou et filets de cuivre.

152 — Secrétaire en bois de rose d'époque Louis XVI garni de bronzes dorés, dessus en marbre gris.

153 — Commode en palissandre à filets de citronnier, poignées et entrées de serrures en cuivre. XVIIe siècle.

154 — Vitrine Louis XVI en bois de rose et palissandre à deux vantaux vitrés.

155 — Petit bureau à cylindre Louis XVI en marqueterie de bois, garni de bronzes.

156 — Grand buffet à étagère en bois sculpté, la partie supérieure à fond de glaces biseautées; le bas à deux vantaux et étagère centrale séparés par des cariatides.

157 — Vitrine Louis XVI en bois de rose ornée de bronzes dorés.

158 — Bahut formant coffre en bois sculpté gothique.

159 — Petite table Louis XV en bois de rose, garnie de deux tiroirs.

160 — Bureau Louis XIII en marqueterie de cuivre et d'étain sur fond d'écaille; posant sur huit pieds balustres, reliés par une entrejambe.

161 — Petit meuble à hauteur d'appui Louis XVI en bois de placage garni de cuivres.

162 — Console Louis XVI en acajou et cuivre, pieds cannelés, dessus de marbre blanc.

163 — Table rognon Louis XVI en acajou et cuivres.

164 — Meuble à hauteur d'appui en bois noir richement orné de bronzes dorés et de colonnettes en porcelaine genre Saxe.

165 — Meuble semblable au précédent.

166 — Petite table à étagère en acajou, de Maple.

167 — Cache-pot trépieds en bois peint blanc; intérieur en cuivre.

168 — Table à jeu en palissandre, style Louis XV; garnie de bronzes.

169 — Coffre de mariage garni en drap brodé, XVIIe siècle.

170 — Table en bois sculpté Louis XIII.

171 — Petite applique d'angle en bois laqué rouge, décor chinois.

172 — Console-applique en bois sculpté peint et doré à tête de bélier.

173 — Glace d'entre-deux, cadre à fronton en bois doré Louis XV.

174 — Petite glace Louis XVI, cadre en bois sculpté et doré.

175 — Petite commode d'enfant en acajou.

176 — Table de salle à manger en noyer ciré.

177 — Pupitre en bois de rose.

178 — Coffre papeterie en acajou.

179 — Meuble de salon en bois sculpté et doré de style Louis XVI, garni en soie crème brochée à bouquets de fleurs; composé de : un canapé, deux fauteuils et deux chaises.

180 — Bergère en bois sculpté et doré de style Louis XV, garnie en soie brochée fond crème.

181 — Meuble de salon en bois doré de style Louis XIV, garni en velours ciselé grenat sur fond de satin vieil or, composé de : un canapé, deux fauteuils, deux chaises.

182 — Deux fauteuils en noyer sculpté style Louis XIII, garnis en tapisserie au point et au petit point.

183 — Chaise en noyer sculpté et ciré, garnie en tapisserie au point.

184 — Ecran en noyer sculpté et ciré, feuille en tapisserie au point et au petit point.

185 — Petite banquette en bois peint blanc, style fin Louis XVI, garnie en soie bleu ciel brochée.

186 — Grand canapé d'angle en bois laqué blanc de style Louis XVI, couvert en damas rouge.

187 — Quatre chaises en bois laqué rouge à décor doré; sièges garnis en damas vert, XVIIIe siècle.

188 — Fauteuil Louis XVI en bois sculpté peint gris, garni en cretonne.

189 — Bois de canapé sculpté. Epoque Régence.

190 — Six chaises à dossiers sculptés. Travail hollandais XVIIe siècle.

191 — Six bois de chaises Louis XVI laqués blanc.

192 — Deux chaises en bois sculpté et cannées.

193 — Deux fauteuils en bois sculpté. Régence.

194 — Bois de chaise sculpté. Régence.

195 — Deux chaises percées en bois sculpté et cannées. Epoque Louis XV.

196 — Deux fauteuils capitonnés en étoffe brochée fond gris.

197 — Fauteuil confortable en velours imprimé fond rouge.

198 — Trois bois de banquettes et un pupitre en chêne.

199 — Grande glace biseautée, cadre doré à fronton et partie en glace.

200 — Ecran style Louis XIV en bois sculpté et doré à rinceaux feuillagés et fleuris, feuille en ancienne tapisserie d'après Berain offrant sur un fond jaune une cariatide de petit personnage sous un baldaquin au milieu de rinceaux et guirlandes de fleurs.

201 — Lot de baguettes et frontons pour encadrement de baie et décors de croisées. Style Louis XIV.

202 — Fauteuil époque Louis XV, en bois sculpté, recouvert de velours vert.

203 — Deux grands fauteuils recouverts de cuir rouge capitonné.

OBJETS DE VITRINE

204 — Pendentif reliquaire enrichi de roses, rubis, émeraudes et saphirs et orné de trois émaux représentant le Christ Rédempteur, la Résurrection. Epoque XVIIe siècle.

205 — Deux groupes en ancienne porcelaine de Saxe. Avant le bal et le Déjeûner champêtre.

206 — Carpe en ancienne porcelaine de Saxe.

207 — Tête-à-tête en wedgwood, composé d'une théière, d'un sucrier, d'un pot à crème et deux tasses.

208 — Homard en ancienne porcelaine de Saxe.

209 — Plaque en émail : La Partie de cartes.

210 — Miniature sur ivoire : portraits de jeune fille et de jeune garçon. Cadre en bronze.

211 — Deux salières avec cuillers à sel en argent japonais.

212 — Sept fourchettes et neuf couteaux anciens à manches d'ivoire.

213 — Lorgnette en bronze doré.

214 — Petite feuille d'écran. Boîte ovale en ivoire.

215 — Petite boîte en argent couvercle ciselé à jour, orné d'une miniature : portrait de femme.

216 — Deux petites pièces en ivoire sculpté simulant le bambou.

TAPIS DE PERSE

217 — Tapis persan du XVIe siècle fond vieux rouge dessin à grands motifs multicolores bordure gros bleu. $4^{m}60 \times 3^{m}80$.

218 — Tapis persan du XVIe siècle fond rouge dessin à motifs multicolores $2^{m}80 \times 1^{m}70$.

219 — Tapis persan ancien de mosqué fond rouge bordure crème.

220 — Tapis persan ancien, de mosquée fond vert bordure à rayures multicolores.

221-224 — Quatre tapis d'Orient en soie à dessins variés.

TAPISSERIES — TENTURES

225 — Grande et belle tapisserie d'Aubusson du XVIIIe siècle, représentant Orphée charmant les animaux.

226 — Grande tapisserie à paysage avec figures de cygnes se défendant contre un chien.

Larg. : 3m90. — Haut. : 2m80.

227 — Décor de baie, composé d'un lambrequin et deux pentes en satin viel or brodé.

228 — Quatre panneaux en tapisserie d'Aubusson. Sujets décoratifs représentant des vases et des oiseaux dans un parc.

229 — Décor de baie, composé d'un lambrequin et de deux pentes en satin cerise brodé.

230 — Décor de baie, composé d'un bandeau en velours ciselé grenat sur fond vieil or et deux rideaux en satin vieil or.

231 — Morceau de bordure en ancienne tapisserie.

232 — Petite carpette de Smyrne fond rouge.

233 — Lot de bandes en ancienne tapisserie.

234 — Lot d'étoffes anciennes.

235 — Fort lot de rideaux (Sera divisé).

235-236 — Quatre grands rideaux et trois portières en étoffe brochée avec embrasses.

237 — Objets omis.

www.ingramcontent.com/pod-product-compliance
Ingram Content Group UK Ltd.
Pitfield, Milton Keynes, MK11 3LW, UK
UKHW021116290826
14628UKWH00014B/2546

9 782329 527819